मनोभाव

Pria Kaith

Presentation by *BookLeaf Publishing*

Web: www.bookleafpub.com

E-mail: info@bookleafpub.com

ISBN: 9789363319547

First edition 2024

मेरे जीवन की एकमात्र प्रेरणा स्रोत मेरी "माँ" हैं। मेरे जीवन की हर छोटी से बड़ी सफलता उन्हीं को समर्पित रही है और आगे भी रहेगी।

~समर्पित

" स्वर्गीय श्रीमती प्रेमलता कायथ"

आभार

जीवन की हर परिस्थिति एवं हर परिजन को धन्यवाद, जिनके माध्यम से "मनोभाव" के भाव उत्पन्न हुए।

आप सभी का बहुत-बहुत धन्यवाद!!

प्रस्तावना

"मेरे अंदाज़ मेरे ख्वाब से जुदा हो चले,
जीवन के तज़ुर्बों के हैं ये तोहफ़े मिले।
गुम यूं ही नहीं अपने आप में मैं फिरता हूँ,
मेरी डायरी के पन्नों में हैं, हिसाब सब लिखे।"

इस पुस्तक के माध्यम से पहली बार अपनी डायरी के पन्नों में छुपी भावनाओं को आप सब के साथ सांझा कर रही हूँ। मैं जानती हूँ कि हम सबके जीवन के चक्रव्यूह अलग-अलग हैं किंतु उनको भेदते हुए जिन भावनाओं के समुंदर से गुज़रना पड़ता है, वो जज़्बात सबके सांझे हैं। ऐसी ही भावनाओं और भाव को कविताओं के रूप में प्रस्तुत करने की एक छोटी सी कोशिश की है, आशा करती हूँ कि मेरे सरल विचारों को आप सबके दिल में जगह मिलेगी।

इस किताब में लिखी कवितायें अनेकों भावों को दर्शाती हैं। सबसे पहला भाव "माता-पिता - प्रेम रूपी वृक्षार्णव" मेरे दिल के बहुत करीब है। मेरी पहली कविता मैंने अपनी माँ के इस दुनिया से जाने के बाद लिखी थी, और इसी लिए इस भाग में उनसे जुड़ी यादों का ज़िक्र है। पिता हम सबके जीवन में एक फलदायी पेड़ की तरह होते हैं, जो जितना भी बूढ़ा हो जाए, हमें छाया देता रहता है। ऐसे ही कुछ भावों को शब्दों में पिरोकर कविताओं में संजोया गया है।

एक स्त्री का जीवन ना जाने कितनी ही मनोस्तिथियों से हर रोज़ से गुज़रता है । स्वयं एक स्त्री होने के नाते मैं ये भावनायें बखूबी समझती हूँ और महसूस करती हूँ। यही

कारण है की जब भी मन का भाव भारी होता गया, कलम से स्याही पन्नों पर गिरती गई और कविताओं का रूप ले लिया। ऐसी ही कुछ कविताएँ, इस पहले प्रकाशन में छपी हैं, इसी उम्मीद के साथ कि हर स्त्री इन भावों से अपने आप को जोड़ पाएगी और आश्वस्त रहेगी की इस सफ़र में बहुत से लोग उसके मन के भाव को समझते हैं, वो अकेली नहीं है।

प्रेम हर वर्ग करता है, चाहे वो इश्क़ पूरा हो या एक तरफ़ा। इस भाव से हर दिल वाक़िफ़ है। प्रेम रस की ऐसी ही कुछ कविताएँ दिल की गहराइयों से लिखी गई हैं। कुछ में अपने अनुभव हैं तो कुछ कविताओं में समाज के।

और अंततः सबसे महत्वपूर्ण भाव "स्वयं चिंतन" का है, जिसमें व्यक्ति अपने जीवन को लेकर स्वयं से वार्तालाप करता है। उसमे लिए गये उसके हर फ़ैसले को तोलता है। अपनी ख़ुशियों और ग़मों के पिटारों को खोलकर स्वयं उसका आँकलन करता है। और अपनी हार और जीत को स्वयं निश्चित करता है। ऐसी ही अतीत, वर्तमान और भविष्य की कसौटी पर झूलती भावनाओं को कविताओं का रूप दिया गया है।

यह पुस्तक मेरे जीवन की पहली पुस्तक है, इसी कारणवश इसमें कमियाँ होने के अवसर बहुत ज़्यादा हैं। आप सब से अनुरोध है मेरी ग़लतियों को नज़रअंदाज़ करके मेरे भावों को पढ़ने का प्रयास करें। आप सबका प्रोत्साहन मेरे लेखन को और निखारेगा एवं भविष्य में किसी और पुस्तक के माध्यम से दोबारा मुलाक़ात करवाने की संभावना को बढ़ायेगा।

~प्रिया कायथ

"माँ, तू तो सब जानती है ना"

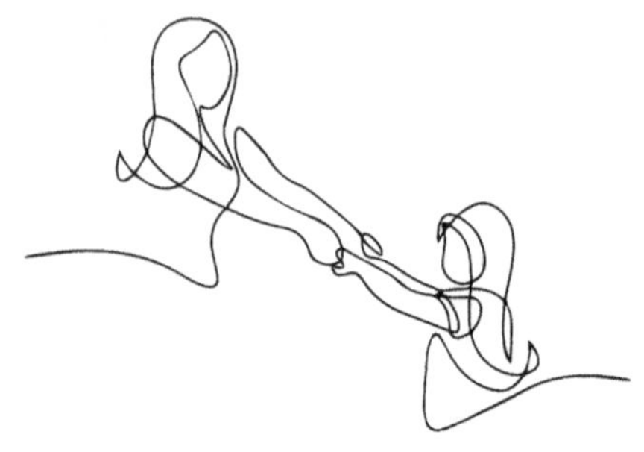

जिसके आंचल में आकर,
वो अधूरा इश्क भी पूरा हो जाए ...
जिसके पैरों को छू कर,
ज़मीन जन्नत हो जाए ...
जिसकी मुस्कुराहट ग़र बिखरे,
तो सहर हो जाए ...
माँ वो शब्द है,
जो बन्दे को ख़ुदा बनाए ...!!"

"माँ, एक अक्षर, जिसमें बसी मोहब्बत अनंत है। वो तमाम रूहें खुशनसीब हैं जो इस मुकम्मल इश्क़ से हर रोज़ रूबरू होती हैं, क्यूंकि हर ख़ुदा के बंदे के नसीब में ये बख़्शीश नहीं आती।"

तेरी बात तुझसे ही करना चाहता हूँ...
पर जब तू दिखती नहीं...
तेरे अक्स से बतलाता हूँ।

मेरे अल्फाज़ उस किरदार के हैं जिसने अपनी माँ को खोया है, पर उसके होने के
एहसास को नहीं। तो वो कहता है कि ....

वक़्त के पन्नों को जो आज पलट कर देखा,
तो एक समुंदर था तुमसे कहना...
वो बचपन की सारी शिकायतें मेरी,
और उन पर, मेरा वो तुमसे लड़ना...
और लड़कर, दरवाज़े के पीछे,
तेरा ही इंतज़ार करना...
तुझे याद है ना,
"ओ माँ! तू तो सब जानती है ना।"

फिर वो खाना लेकर,
तेरा, मुझे मनाने आना...
नन्ही आँखों से अश्क़ पोंछ कर,
वो प्यार से सहलाना...
अपने नर्म हाथों से,
तेरा वो मुझे निवाले खिलाना...
फिर अपनी गोद में लेकर,
वो लोरी सुनाना...
और मेरा वो परियों के देश में,
जाकर सो जाना...
तुझे याद है ना,
"अरे! तू तो सब जानती है ना।"

वो पहर की धूप में,
तेरा मुझे आंचल में छिपाना...
मेरी परी वो गज़ार न लागे,

ये कहकर कान के पीछे काला टीका लगाना…
मेरा आईने के सामने सजना देखकर,
वो तेरा मुस्कुराना…
और मेरे बिखरे बालों को,
तेल में गूंथ कर तेरा वो चोटी बनाना…
तुझे याद है ना,
"ओ माँ! तू तो सब जानती है ना।"

तुझे याद है ना,
वो मेरा बुखार में तपना…
और तेरा सारी रात जगना…
कभी सिर पर, तो कभी पैरों पर,
ठंडी पट्टियाँ करना…
वो बार-बार, तेरा भरी आँखों से मेरी किस्मत को
चूमना…
और चुपके से, अपनी आँखों से बहते मोतियों को
पोंछना…
तुझे याद है ना,
"तू तो सब जानती है ना।"

तू जानती है ना,
मेरा वो अंधेरों से डरना…
वो पापा की ऊंची आवाज़ पर,
मेरा सहमना…
वो छोटी-छोटी बात पर,
मेरा आंखें भरना…
मेरे चोट लगने पर,
तेरा चूम कर दर्द कम करना…
"मेरा बहादुर बच्चा," कह कर,

तेरा मेरा हौंसला बनना…
मेरी हंसी, मेरा गुस्सा, मेरी आँखों में ही पढ़ लेना…
मेरे सपनों के लिए,
तेरा पूरी दुनिया से लड़ना…
और मेरा बारिश को थोड़ा ज़्यादा पसंद करना…
तुझे याद है ना,
"ओ माँ! तू तो सब जानती है ना।"

तू जानती है ना,
तू मेरा मुकम्मल इश्क़ है…
मेरे लिए खूबसूरती की मिस्ल है…
ओ माँ,
मेरी ठहरी हुई आँखों से ये बहता इश्क़,
तू तो देख पाती है ना…
इस दबी हुई मुस्कुराहट को,
तू तो समझ पाती है ना…
तेरी नामौजूदगी कितनी खलती है,
ये तो तू भी मानती है ना…
ओ माँ !
"तू तो सब जानती है ना…
तू तो सब जानती है ना।"

"माँ, तू करती क्यों नहीं थी फरमाइशें"

नज़र करूं कायनात की सारी रौनकें,
थी कुछ मेरी भी ऐसी ख्वाहिशें…
मुकम्मल न हुई जो तेरे वक़्त रहते,
"ओ माँ, तू करती क्यों नहीं थी कुछ फरमाइशें?"

कभी तो कुछ मांगती, तेरे खुद के लिए,
आप रहती अंधेरे में, करके यूं रोशन दीये…
क्यों नहीं संवारा, कभी खुद का सवेरा,
तेरे वक्त पर, क्यों नहीं था कभी हक तेरा ?

क्यों कभी जोड़े नहीं वो बिखरे घुंघरू के दाने,
जिन्हें देख, मुस्कुरा कर,
याद करती थी तू गुज़रे ज़माने…
कभी क्यों नहीं बनाई अपनी ज़रूरतों की पर्ची,
क्यों हमारी ख्वाहिशें ही बन गई थी तेरी मर्ज़ी?

सजती संवरती, तू लगती प्यारी,
लाल साड़ी, चाँद बिंदी और सुख लाली…
पर न माँगा कभी खुद से एक जोड़ा,
बोली रहती हूँ घर में, बाहर काम थोड़ा।

सीती सपने यूँ अपनी कमीज़ में तुम,
छेद सारे सवेरे तक, हो जाते थे गुम…
पर न होने दिया कभी मैला हमको,
सब चमकता हुआ कर देती थी तुम।
यूँ संवारती थी मुझको हर रोज़ ऐसे,
देखती हो, मुझमें ही जीवन जैसे…
नए कपड़े, नया जूता वो काली साड़ी,
दिया तूने जो भी माँगा, ना सोचा एक बारी।

पूरी करती तुम सब की फरमाइशें,
सहती रहती वक्त की सब आज़माइशें…
मुस्कुराती आँखों में थी नमी थोड़ी,
पर न करती कभी कोई शिकायतें…
"ओ माँ, तू करती क्यों नहीं थी फरमाइशें?"?

अपने सपनों का वो पंछी,
छोड़ आई किस गगन में …
कहते सुनते सबकी बातें,
आप धुआं हुई तू ज़हन में…

पसंद सबकी तू है जाने,
खबर सिर्फ है न खुद की…
अपनी थाली का वो आखिरी निवाला,
खिलाती मुझको, खुद खाये रूखी।

दिए इतने उनकहे त्याग,
न छोड़ी कुछ गुंजाइशें…
"ओ माँ, तू करती क्यों नहीं थी फ़रमाइशें?"

मनमानी सहती थी तू सबकी,
पर क्यों नहीं सुनती थी कभी अपने मन की…
समर्पण की शीला बन कर, क्यों देती रही हिदायतें,
तेरी भोली सूरत से बता कैसे करूं मैं शिकायतें…
कहां खोजूं अब मैं भूली सी तेरी ख्वाहिशें,
"ओ माँ! तू करती क्यों नहीं थी कुछ फरमाइशें?"

"अनकही मोहब्बत"

आज की दास्तान, एक शख़्स के नाम करता हूँ,
अनकही मोहब्बत का अपनी, मैं इकरार करता हूँ…
वो शख़्स, जिसने ता उम्र मुझे सिखाया,
अपने साए में रख कर हर तकलीफ से बचाया…।

आज उसका इज़हार करता हूँ,
आगाज़ उस बचपन की याद से करता हूँ…
इज़हार-ए-इश्क़ की ये दास्तान अब बयाँ करता हूँ।

बेजान कदमों को वो मेरे, अपने कांधे पर बिठाता था,
इस तरह वो मुझे दुनिया घुमाता था …
कोई जो छूना चाहे मुझे प्यार से,
तो उनकी नज़रों से बचाता था…
अपने हाथों में मेरा चेहरा छुपाता था।

बहुत जल्दी थी उसे, मुझे सब कुछ सिखाने की,
तभी मुझ नासमझ को हर बात समझाता था …
टेढ़े-मेढ़े सवालों को मेरे,
सीधा रस्ता दिखलाता था…

पुचकारता नहीं था वो माँ के जैसे,
पर प्यार तो जताता था …
जब भी अपने हिस्से की आइसक्रीम मुझको खिलाता
था।

सुनाता था वो किस्से शहीदों के,
जब भी मुझको लोरी सुनाता था…
परियों के देस से ज़्यादा,
उसको मेरा प्यारा भारत भाता था।

गिर जाऊं खेलते-खेलते,
तो पहले डांट लगाता था …
शायद उसको मेरा रोना बिल्कुल नहीं भाता था…
शायद कुछ ऐसे ही वो अपना प्यार जताता था।

उसकी अनकही मोहब्बत का,
वो पहला दौर अब समझ आता है…
कि वो बचपन का मेरा वो छाता था,
जो खुद तप कर मुझको हर धूप से बचाता था।

गुज़रते वक़्त की हवा,
आख़िर कब है थमी…
नन्हे कदम जो लढ़खड़ाते थे कभी,
उन्होंने भी है वक्त की सीढ़ियाँ चढ़ी…
बदला है मंज़र, तो जज़्बात भी बदले हैं,
उस शख़्स की अनकही मोहब्बत के अंदाज़ भी बदले
हैं।

अब समझाता नहीं हर बात वो,
थोड़ा चुप सा रहता है…
शायद मेरी समझ को,
अब वो एहमियत देता है…
अब डांटता नहीं मुझको मेरी हार पर वो,
शायद कुछ इस तरह ज़िंदगी के तजुर्बे देता है।

मैंने खाना खाया या नहीं,
पूछता नहीं हर रोज़ वो…
पर भूखा न रहूँ मैं कभी ज़िंदगी में आगे,
शायद इसलिए आज भी पैसे जोड़ता है…
मेरे बचपन का वो छाता,
आज भी मुझे धूप से रोकता है।

मेरी कहानी का ये जो छाता है ना,
बहुत खुशकिस्मती से मिलता है…
घर भले ही माँ से बने,
पर नींव तो वो ही रखता है …

कुछ न कह कर भी,
पूरा हक़ जताना जिसे आता है ना…
मेरी अनकही मोहब्बत का वो पन्ना,
“ तो मेरे पापा है ना।"

"संवाद"

मैं अकेला हूँ कहाँ,
संग मेरे तू सदा…
शोर सी इस दुनिया में,
चैन मेरा तू बना …

जब कभी ढूँढ ना,
पाऊं तुझे मैं कहीं…
निकल आता हूँ ढूँढने,
इन पहाड़ों में कहीं…

तू पानी के इस बहते संगीत सा है,
जो बहता रगों में मेरे, बन के लहू कहीं…
आवाज़ तेरी इस हवा के झरोकों सी है,
सुनता रहता हूँ, जब मैं चलता वादियों में कहीं…

स्पर्श जब तेरा करना चाहूँ,
देखता हूँ सूरज को मैं…
समेटता ममता को तेरी,
सूर्य की किरणों में मैं …

मैं ढूँढता आंचल को तेरे,
इस हरी सी छाओं में…
गोदी में तेरी होता हूँ,
जब हूँ सोता इनके सायों में…

तारों को देख सोचता,
तू निकली मुझे देखने…
गिरता जो पत्ता कभी,
यूं लगे कुछ कह रही …

उड़ता मुझे देख,
फ़क्र शायद हो तुझे…
मलाल बस इस बात का,
कि कह ना पाई ये मुझे।

शायद बरसती बूँदों में,
आंसू तेरे का अक्स है…
छू लेती हैं ये जब मुझे,
बहते मेरे भी अश्रु हैं…

सुना है इन पहाड़ों में,
गूंजती आवाज़ है…
निकल आता हूँ तभी,
कहने तुझसे, दिल की आवाज़, मैं…

तू सुन सके, तो सुन ना माँ,
मैं कितना उदास हूँ…
तेरे बिना क्या कहूँ,
बस खाली किताब हूँ।

मिलेंगे हम फिर कहीं,
गर किसी जहान में…
कहूँगा तुझसे अपने,
सारे अरमान मैं …

किया गलत कितना,
जो गई अकेले तू...
छोड़ कर तन्हा,
अपने अंश को जहान में...

वादा तुझसे लूंगा एक,
हमेशा तेरे साथ का...
बिखरने न दूंगा,
कुटुंब परिज़ाद का।

"बिखरने न दूंगा,
कुटुंब परिज़ाद का।"

"अब, जी नहीं चाहता"

खामोशियों में लिपटी हैं ये शामें मेरी,
उनसे बतियाने को अब जी नहीं चाहता ...
वो समझते ही नहीं मंज़िशे मेरी,
रंजिशों में दिल उलझाने को, "अब जी नहीं चाहता।"

वो साथ रहते तो हैं, पर हैं अलग हमसे,
जोड़ने को दिल की तार, अब जी नहीं चाहता ...
पढ़ सकते नहीं जनाब, जो आँखों को मेरी,
किताब दिल की खोलने को उनसे,
 "जी नहीं चाहता।"

इस वक़्त को ताले की क़ैद में बाँधूं कैसे,
ये तो बिन बोले बीता, मैं कैसे कुंजी लाता ...
पीछे मुड़कर जो ढूंढा तुझे आईने में,
तस्वीर में "हम" देखने को, "अब जी नहीं चाहता।"

नहीं माँगा तूने मेरा खाली वक्त मुझसे,
जब भी माँगा मुझसे, तो रूप रंग माँगा …
जब भी चाहा तो मोड़ा यूँ मुँह मुझसे,
जोड़ू घरौंदा ये मेरा, "अब जी नहीं चाहता।"

ला सकूंगा न तेरे लिए फूल सारे,
मुर्दों में जी फूँकने को "अब जी नहीं चाहता…"
मुरझा गया है जो बाग तेरे आँगन का,
लगता है, बादलों को वहाँ बरसने का,
"अब जी नहीं चाहता।"

किस जहाँ में छुपा है गुरूर तेरा,
ढूंढने को सुकून तुझमें "अब जी नहीं चाहता…"
लौट जाओ जो घर को अपने आज भी तुम,
घर बदलने को मेरा "अब जी नहीं चाहता."

वक्त देना, वक्त लेना और सोचना तुम,
क्या अपना, क्या पराया, है मोह सब कुछ…
बादलों के भंवर सा है खेल सारा,
ये जो बरसे तो खेल सारा हो जाएगा गुम …
करना कोशिश तो तुम भी थोड़ा आज़माने की,
क्योंकि मेरा तो खेलने को "अब जी नहीं चाहता।"

ला सकोगे क्या उसकी हँसी वापस तुम,
जिसका मुस्कुराने को अब जी नहीं चाहता …
खामोशी की सारी रातें याद हैं क्या,
गीला तकिया भूल जाने को,
मेरा "अब जी नहीं चाहता।"

सुकून की चाय में बारिश की वो गिरती बूंदें,
पूछती हैं कि जो चाहता है क्या वो तू पाएगा …
गुम दुनिया की भीड़ में भटकता तू,
साथ खुद के अकेले क्या चल पाएगा …
मैंने मुड़कर उसे देखा और हँस दिया,
क्योंकि सफर में मेरे हमसफर हो,
"अब जी नहीं चाहता।"

तन्हा जीना और रहना अबसीख लेंगे,
नाम तेरा हो फोन में "जान मेरी,"
तबाह हो जाने को मेरा "अब जी नहीं चाहता।"

"बेफिक्री सी हंसी"

"वो सर्दी में खिलती धूप सी,
खलियानों में बिखरती नूर सी…
ठहाके लगाती हुई, गुदगुदाती हुई,
मासूमियत की वो दुनिया जादुई सी …

खिलखिलाती थी जिसमें वो चहक प्यारी सी,
लौटा दो मुझको वो मेरी बेफिक्री सी हंसी…
लौटा दो मुझको वो मेरी बेफिक्री सी हंसी।"

इस तेज़ मर्रा की ज़िंदगी में, हमारे जज़्बात आधे
अधूरे से हो गए हैं। ना ही हम खुल के हँसते हैं और ना
ही खुल के रोते हैं। इन्हीं उलझे हुए जज़्बातों से बनी
पहचान को जब सुलझाने की आमद हुई,
तो कलम से निकले हुए शब्द काग़ज़ पर कुछ इस
तरह से बिखरे:

चल रहा हूँ मैं, सफर कर रहा हूँ मैं,
तुम्हारी ही तरह कुछ सपने बुन रहा हूँ मैं …
वो सपने इक पहचान के,
जो कामिल हुए तो आराम के…
ऐसे ख्याल मालूमात कर रहा हूँ मैं…
खूबसूरत इस सफर का आगाज़ कर रहा हूँ मैं।
खूबसूरत इस सफर का आगाज़ कर रहा हूँ मैं।

हम सभी अपनी मंज़िलों को पाने के लिए पूरी ताकत
से प्रयास करते हैं, और यही प्रयास हमारी कहानियों
का आधार बनते हैं। तो इन्हीं कोशिशों के बारे में
लिखा है:

कोशिशों की इस डगर से गुज़र रहा हूँ मैं,
अंजाम की ख़बर नहीं,
पर मंज़िल तया कर रहा हूँ मैं ….
खुद से बेहतर बनने की कश्मकश में,
आंधियों में किनारों से लड़ रहा हूँ मैं…
हौसलों से इस सफर को पार कर रहा हूँ मैं।

खोजने से भगवान भी मिल जाते हैं, इसलिए अंततः
प्रयासों का परिणाम मिल ही जाता है। व्यक्ति अपनी
मंज़िल अवश्य प्राप्त कर लेता है, और मंज़िल प्राप्ति
के पश्चात विचार करता है:

अरसों बाद कुछ तो बना हूँ मैं,
पर जो बना हूँ,
क्यों खुद ही ना पहचानूं मैं ….
महफ़िल में मशहूर,

फिर भी क्यों तन्हा हूँ मैं...
क्यों भीड़ में मिलकर भी,
खुद से ही जुदा हूँ मैं।

ये कैसी पहचान?
जिसमें खुद ही खो गया हूँ मैं...
अस्तित्व की खोज में,
कुछ नकली सा हो गया हूँ मैं...
हँसता हूँ, पर क्यों ये आँखें मायूस हैं,
उदासीयत में भी क्यों कुछ अधूरा प्रतीक है।

उस बेफ़िक्री सी हंसी के लिए अब तरसता हूँ मैं,
खुलके रोने के लिए खुद में झुलसता हूँ मैं...
इस फरेबी सी पहचान को कुछ यूं समझता हूँ मैं...

खुद से खुद की पहचान का,
अब नया सफ़र शुरू करता हूँ मैं...
इन अधूरे जज़्बात को,
अब पूरा करता हूँ मैं...
सपनों के साथ-साथ अब शब्दों को भी बुनता हूँ मैं,
काग़ज़ और कलम से अब खुद को ही सुनता हूँ मैं...
वो बेफ़िक्री सी हंसी, अब इन पन्नों में हंसता हूँ मैं...
वो बेफ़िक्री सी हंसी, अब इन पन्नों में हंसता हूँ मैं।

वो ठहरा इश्क ......

संभाल कर इक दफ़ा दिल जो लगाया है,
ये बताओ, वो ठहरा इश्क कहाँ छुपाया है…

आईने में संवारती हो जब तुम अपना चेहरा,
ये बताओ किस अपने को नज़रों से गिरता पाया है…

बहते नहीं यूँ ही आँखों से ये मोती,
कोई तो अज़ीज़ तुमने भी न पाया है…

रखती हो जो तुम आँखों पर अपने पर्दा,
ये बताओ किस ज़ख्म का दाग तुमने छुपाया है..

बेशक लकीरें खींचते हैं होंठ तेरे,
पर इन आँखों में क्यों मुर्दा सा ये साया है…

जानती हो सारे चेहरों के रंग बख़ूबी,
क्यों बेरंग घूमती फिर ये तेरी काया है…

बनाती हो जो तुम घर को अपने मंदिर,
ये बताओ, शैतानों ने आखिर कितना सताया है...

मांगती हो दुआओं में अपनों की खैर रब से,
ये बताओ उन अपनों के हाथों ने कितना खिलाया है..

जाग के ताकती हो राहें रात भर तुम,
इस सब्र का हुनर आखिर कहाँ से पाया है...

सुना है करती हो काम ता उम्र तुम,
तुम्हारी एड़ियों की दरारों ने बताया है...

देखती नहीं हो ख्वाब आजकल तुम,
सबके सपनों के परिंदों को जो उड़ाया है...

संभाल कर इक दफा दिल जो लगाया है,
ये बताओ, वो ठहरा इश्क कहाँ छुपाया है?
ये बताओ, वो ठहरा इश्क कहाँ छुपाया है?

ये इश्क अज़ीज़ है.

सब कहते हैं,
कि ये मोहब्बत भी अजीब है,
दिल की लगी का भला कैसा हकीम है…
सुकून नहीं मिलता रूह को एक सा,
हर बार बदलता रहता रकीब है…

हम कहते हैं कि ये तुम्हारा नसीब है,
जो पल्ले पड़ी मोहब्बत नाचीज़ है…
रूबरू हो पाओ, जो इश्क के गलियारों से,
उस एक महबूब में सिमटती हर चीज़ है…

राहत आहत सब लगे एक सा,
इश्क में होता सब लाज़मी है..

सब्र करना नहीं पड़ता दीदार को उनके,
मूँदू जो आँखें दिखती तस्वीर है…

खुशबू होती नहीं दिल्लगी में शायद,
इसीलिए ये इश्क हसीन है...
नहीं चाहिए सितारों का आसमान,
मेरी तो माशूका ज़मीन है...

गलती नहीं तुम्हारी,
जो लगती तुम्हें मोहब्बत अज़ीज़ है...
दूर रखा है इश्क ने तुमको,
क्योंकि अभी दिल्लगी जो क़रीब है...

छोड़ो यो दिल्लगी का दामन
बनाता दिल को ये मरीज़ है...

पहचान लो उस एक महबूब को अपने,
जुड़ता जिस से ये नसीब है...
निखरेगी फिर रूह पाक सी,
इश्क के उजियारे में,
साथ रहता जब कोई अपना अज़ीज़ है...

सच कहते हैं सब..
ये इश्क सबसे अज़ीज़ है..
ये इश्क सबसे अज़ीज़ है..!!

तू बात तो कर

अगर गुम है तू खुद की तलाश में,
और बंद हो सब खोजने के रास्ते…
गर नाराज़ है तू कुछ ना पाने पर,
गर घुट रहा दम सांस लेने पर…

तो बोलना मुझसे बेझिझक एक बार,
मैं थामूँगा तेरा हाथ…
विश्वास तू कर…
सुनूँगा तुझे रात भर,
तू बात तो कर।

अगर लगे तुझे कुछ अधूरा सा है,
उजाले से ज़्यादा ये अंधेरा भला है…
गर भरे तू आँखें तन्हाई में यूँ,
कि गीला पूरा बिस्तर पड़ा है…

तो कहना मुझसे हर बात तू,
समझूँगा तेरे जज़्बात को...
परखूँगा नहीं किसी कसौटी पर,
विश्वास तू कर...
सुनूँगा तुझे रात भर,
तू बात तो कर।

अगर बंद दीवारों में चीखने का मन करे,
अंदर की तन्हाइयाँ, तन्हाई में बोलने लगे...
अगर तेरे सच की भी झूठी सी पहचान हो,
पहने जिसे हर रोज़ तू, शिकन की मुस्कान वो...

तो रोना मेरी बाहों में,
जी भर के आसमान तू...
निकालना तूफ़ान को,
जो भर के बैठा बेइंतहा तू...

पोछूँगा नम आँखों को,
बस तू इतना एहसान कर...
हर दर्द हर एहसास को,
मुझसे बयां तो कर...
सुनूँगा तेरी बात मैं,
तू बात तो कर...
तू बात तो कर।

असमंजस

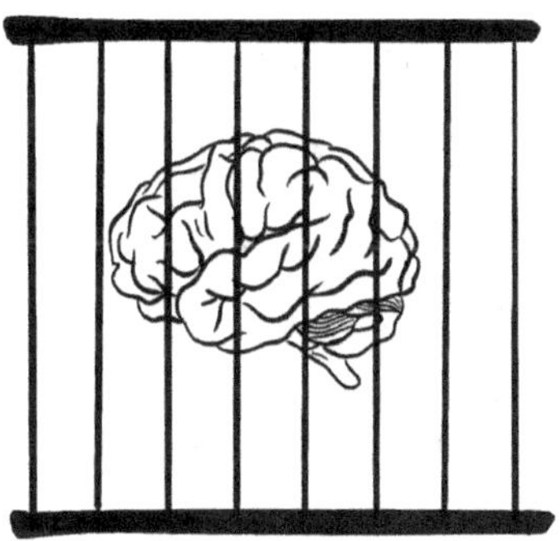

रुकूं तुझमें या सफर कर जाऊं,
बसूं इक उम्र, या बस पहर बन जाऊं?

होंठों पे रहती है जो तेरे,
रहूं वो धुन या सरगम बन जाऊं?

मिले जिस मिट्टी से रंग तेरा,
वो रंग पहन तेरा तन बन जाऊं।
या रहूं कांच सा तराशा हुआ,
दिखे जिसमें तू वो दर्पण बन जाऊं।

हरफ़ों में बयान करे तू जो किस्से कभी,
उन किस्सों का हिस्सा बनूं,
या पूरा किस्सा हो जाऊं?

रहूं तेरी आँख में कैद ख्वाब सा,
या बंद इक अरस से वो अश्रु बन जाऊं।

चाहूं तुझे तेरे इश्क़ सा,
या मुकम्मल हो जाऊं?
रहूं चाँद सा अधूरा एक तरफा,
या सूरज बन जाऊं?

रहूं सवालों में तेरे या बवाल बन जाऊं?
ढूंढे जिन शब्दों की राहत तू,
वो जवाब बनूं,
या ख़ुद सवाल हो जाऊं?

करूं नुमाइश दिए ज़ख़्म की तेरे,
या पत्थर हो जाऊं?
बनूं मैं वक़्ता उस वक़्त का अपने,
या रहूं मूक और शायर हो जाऊं....

और भरूं मैं पन्ने ख्वाइशों से तेरी,
उमीदों का वो आसमान बन जाऊं...
और पूछे जो तेरा अक्स कोई,
तो मैं कहलाऊं...

मिलूं ना तुझसे,
पर तुझमें कहीं मैं मिल जाऊं...
तुझमें कहीं मैं मिल जाऊं.....

निःसंग

सवाल पूछना छोड़ दिया है हमने,
कुछ जवाब अनसुने ही अच्छे हैं,
हकीकत जान कर क्या करना है,
ये पर्दे और नकाब ही अच्छे हैं।

संभल जाएंगे गिरकर हम भी,
अभी ज़रा मंज़िल से भटके हैं,
करते नहीं पट्टी मिले ज़ख्मों की अब,
तेरी जफ़ा के मरहम ही अच्छे हैं।

क़सीते पढ़ते रहे वो मासूमियत के,
पर जनाब ये कहाँ सबको जचते हैं,
वो आए वो गए और हम रह गए,
अब इस अंदाज़ के चर्चे हैं।

कुछ क़र्ज़ हैं गुनाहों के,
कुछ फ़र्ज़ के ख़र्चे हैं,
हमराही से ज़्यादा,
हम हमराज़ ही अच्छे हैं,
हमराज ही अच्छे हैं।

ख़ूबसूरत

हर रूप हर रंग में संवरती हो तुम,
आँखों से हँसकर और भी निखरती हो तुम...
ख़ूबसूरती तुम्हें उस रब की बरकत है,
फिर क्यों हुस्न तलाश करती हो तुम?

वो तुम ही तो हो,
जो दे सकती हो नई ज़िंदगी,
मकान को मंदिर बना करती हो बंदगी...
तराशा है जिसने इंसान में रब को,
ढूंढती है दुनिया तुझमें ही रब कहीं...

तो सुनो,
ए हुस्न-ए-मल्लिका!
ख़ूबसूरत हर रूह में धड़कती हो तुम,
उस नई किरण की तरह हर रोज़ चमकती हो तुम...

ये रंग तेरी पहचान के मोहताज नहीं,
अपने हौसलों और इरादों से बनती हो तुम...

सुनो! हर रूप हर रंग में संवरती हो तुम,
क्योंकि खुद से ज़्यादा दूसरों का करती हो तुम।
खुद से ज़्यादा दूसरों का करती हो तुम।

शायद! तुम मेरी मोहब्बत के हक़दार नहीं

लफ्ज़ फिसलते नहीं ज़ुबान से यूँ ही,
चीरते हैं रूह जो बिना ख़ंजर के ही,
दो वक्त की इज़्ज़त ही सही,
क्या बख़्शी है तुमने कभी?
पूछा जो खुद से मिला जवाब यही,
शायद! तुम मेरी मोहब्बत के हक़दार नहीं,

वफ़ा तो की है तुमने भी,
पर शायद वो वफ़ा भी थी तुम तक ही,
ख़्वाहिशों का आसमान कुछ ऊँचा था,
अकेले चढ़े थे तभी तुम हर सीढ़ी...

पकड़े वो सीढ़ी खड़े थे हम उस ज़मीन,
उभरता देख तुम्हें मुस्कुराई थी रूह मेरी,

उड़ने से पहले दी थी जो ठोकर,
है वो अब भी हरी…
कहती है मुझसे हर बार यही,
शायद! तुम मेरी मोहब्बत के हक़दार नहीं…

बेउमीद करते हैं इबादत सनम की,
ऐसी राह पे कहाँ चले थे वो कदम कभी,
देना अपना आप, दस्तूर है मेरा,
यही समझ थी उनकी सही…
देखा गौर से जब अक्स को अपने,
जाना कि खामी थी मुझमें ही कहीं,
बोलने को थे रिश्ते में दो शख़्स सही,
पर उनको मोहब्बत थी बराबर नहीं…

डोर संभालती कैसे, थी कमज़ोर कड़ी,
वक्त की मार में थी खिंचती गई,
टूटते वो धागे, कहते बार-बार यही,
शायद! तुम मेरी मोहब्बत के हक़दार नहीं।
शायद! तुम मेरी मोहब्बत के हक़दार नहीं।

ये नकाब अच्छा लगता है!
(कोरोना)

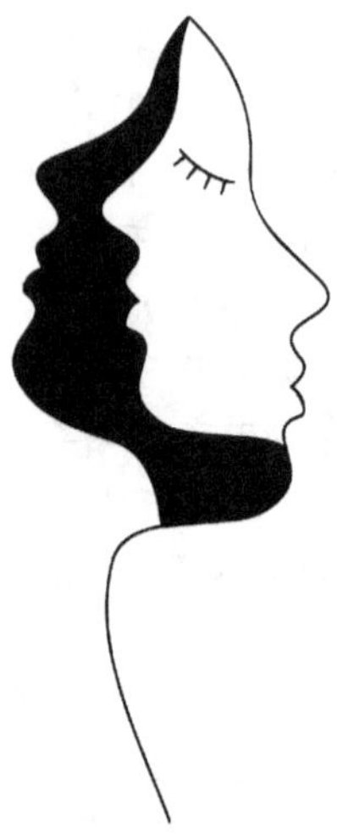

याद है, कैसे मुस्कुराना पड़ता था,
वो मुखौटा ओढ़ के,
तकलीफ थी आँखों में,
मुख पर हँसी के बोल थे...

कुछ ऐसे अब रूह को तड़पाना नहीं पड़ता,
ये नकाब अच्छा लगता है,
झूठा मुस्कुराना नहीं पड़ता!

याद है, कैसे अकेले बैठे चुप रहने का मन करता था,
एक टक सोचूँ कुछ,
कहाँ ये ज़माना मानता था...

उस भीड़ में वापस जाना नहीं पड़ता,
ये नकाब अब अच्छा लगता है,
कुछ दिखाना नहीं पड़ता!

वो वक्त की बात पर,
जब कमी सी लगती थी,
खुद की तलाश जब अधूरी हुआ करती थी…
सुकून के पल को अब चुराना नहीं पड़ता,
ये नकाब अब अच्छा लगता है,
वक्त बचाना नहीं पड़ता!

याद है, वो शोर, जो गूंजता था कानों में,
कभी अपने अंदर, तो कभी दुनिया के मकानों में,
उस शोर से दूर अब जाना नहीं पड़ता,
अंदर चलते उफान को अब दबाना नहीं पड़ता!

नम आँखों से बहते आँसुओं को सुखाना नहीं पड़ता,
चुपचाप बहते हैं दर बदर,
हर राज़ छुपाना नहीं पड़ता,
ये नकाब अब अच्छा लगता है,
कुछ अपना आप दिखाना नहीं पड़ता!

बेपरदा करते हैं जो रूह को जज़्बात,
उनकी करवटों को समझाना नहीं पड़ता,
आहें निकलती तो हैं, रूह से हर बार,
पर सांसों की रफ़्तार को थामना नहीं पड़ता…

कोई सुन न ले ज़ख्मों का कराहना,
इस ख़ौफ़ से हर बार इन्हें राहत लाना नहीं पड़ता…

ये नक़ाब अब अच्छा लगता है,
हर घाव छुपाना नहीं पड़ता !

सुना है कि घुटन होती है,
उनको इस नक़ाब के पीछे,
पर बेनक़ाब घुटती रूह का इल्म किस तरह नहीं,
तोला जो तराज़ू में दोनों को हमने,
परिज़ा ये पर्दा ही निकला हमनशीन!

इसलिए ओढ़ना ये पर्दा कुछ जायज़ सा लगता है,
चेहरों के मुखौटों से,
ये नक़ाब अब अच्छा लगता है!
ये नक़ाब अब अच्छा लगता है!

जो तू करे बात इश्क़ की

जो तू करे बात इश्क़ की,
तो रूहानी करना,
जिस्मों से ना हो खेल कोई,
मुंह ज़बानी करना।

सुना है आँखों से ठग लेते हैं आजकल,
इसलिए अश्क़ों रो इन्हें ना भरना,
गर आना तो जज़्बात लिख कर रखना,
छोड़ दिया है हमने,
कहीं बातों पर ऐतबार करना ।

कोशिशें जो करो मुझे पाने की,
तो खुलेआम ज़ाहिर करना।
ज़माने में ना सही,
तो अपनों में ही मशहूर करना।

गर लगे, मेरे लिए पड़ेगा, मुझसे ही लड़ना,
तो ज़रूर लड़ना…
शायद मुझे भी हो, तेरी मोहब्बत में.
थोड़ा अकड़ कर फिर संवरना…

इसलिए मेरी जान,
जब करो बात इश्क़ की,
तो रूहानी करना,
जिस्मों से ना खेलकर ,
मुंह ज़बानी करना!!
मुंह ज़बानी करना!!

अनसुना राज़

वो एक अनसुना राज़ था,
एक प्यारा सा ख्वाब था,
मिट्टी की खुशबू सा वो,
मोहब्बत की किताब था।

बेबाक सा था वो,
थोड़ा ज़िद्दी, थोड़ा सा गुस्सा,
हर दिल को अपना बनाने वाला,
वो ज़िंदादिली का आसमां था।

कुछ गीली सी मुस्कान लिए,
आँखों से हँसता था…
इस शीत सी दुनिया में,
बस वो उष्ण लगता था।

कुछ डरता था वो दुनिया से,
कुछ खुद में ही सहता था,
मदधम सी आंच पर, हल्के से बिखरता था।

मशहूर था गैरों की महफ़िल में,
हर ज़ुबां पर रहता था,
पर जिस रूह में बसता था,
उसी से गैर बनता था।

चाहत बहुत थी उसमें,
मोहब्बत-ए-जुनूं भी था,
दरिया-ए-इश्क़ का वो माझी,
लख्त-ए-जिगर में बहता था!

दरिया-ए-इश्क़ का वो माझी,
लख्त-ए-जिगर में बहता था!

तू नहीं तो कुछ भी नहीं।

तू नहीं तो शायरी भी रास नहीं,
तू नहीं तो मुस्कान की भी आस नहीं,
तेरी ही नमी, तेरी ही कमी,
रहती है हर कहीं,
तू नहीं तो मुझमें जीने का अंदाज़ नहीं।

तेरे मुकद्दर के संवरने की ख्वाहिश रखते हैं,
हर लम्हा तुझसे बेपनाह मोहब्बत करते हैं।
तू नहीं तो मेरी मोहब्बत में आब नहीं,
तू नहीं तो मेरे दर्द में दर्द कुछ खास नहीं।

आहट तेरे आने की क्यों होती है हर घड़ी,
लम्हा तेरे आने का आता नहीं आकर भी।
तू नहीं तो तेरी यादों में मुझे मेरी याद नहीं,
तू नहीं तो इन आहटों में आहट की आवाज़ नहीं।

बेदर्द था ज़माना जानते थे हम कहीं,
पर तेरी मोहब्बत में हमें होश था नहीं।
तू नहीं तो हर शख़्स में अक्स तेरा,
खोया बस मैं कहीं।

तू नहीं तो रफ्तार में है सांस,
बस एहसास नहीं,
तू नहीं तो मुझे जीने का अंदाज़ नहीं।
तू नहीं तो मुझमें, मैं नहीं,
तेरी ही कमी हर ज़मीन हर कहीं,
तू नहीं तो यहाँ कुछ भी नहीं,
कुछ भी नहीं।

यादों की करवटें

मुख़्तसर सा है ये सफ़र,
आयतों सी है ये पहर,
तेरी यादों की करवटें,
ओढ़ कर मेरी रातें कटें।

इस क़दर ढूँढूँ हर डगर,
चाहतों का हो ये असर,
मेरी बाहों की सिलवटें,
तेरे साए से लिपटी रहें।

प्यारी सी थी परी वो,
अर्शों से आ गिरी वो,
आँखों का था सुकून वो,
झल्ला सा हमनशीन वो।

देके सपनों का वो आफ़ताब,
बन गई ज़िंदगी का रुहाब,
आ मिल तेरे शहर से परे,
मेरे गाँव के रस्ते कहें।

ना कटे तन्हा अब सफ़र,
लौट आ मेरे हमसफ़र,
तेरी साँसों की आहटें,
भूले से भी ना बाहर सुने।

यूँ समा जा तू मुझमें कहीं,
ओस सागर में जैसे मिली।

मुख़्तसर सा है ये सफ़र,
आयतों सी है ये पहर।